AF229793

LA CHAMBRE EN 1887

PAR

M. PAUL DE JOUVENCEL

Député de Seine-et-Oise

Prix : **75** centimes

PARIS

DENTU, ÉDITEUR

3, PLACE DE VALOIS, AU PALAIS-ROYAL

1888

LA
CHAMBRE
EN 1887

PAR

M. PAUL DE JOUVENCEL

Député de Seine-et-Oise

———

Prix : **75** centimes

PARIS

DENTU, ÉDITEUR

3, PLACE DE VALOIS, AU PALAIS-ROYAL

—

1888

LA CHAMBRE

EN 1887

I

L'Assemblée élue en 1885 a maintenant parcouru plus de la moitié de sa durée normale.

Dans une première étude, *la Chambre en 1886*, nous avons cherché à reconnaître son caractère et ses tendances ; aujourd'hui nous essayons une étude nouvelle.

Le 14 octobre 1886, au moment où s'ouvrait la session extraordinaire, le ministère du 7 janvier subsistait sans modifications.

Avec six membres du précédent cabinet et deux députés radicaux, avec un ministre de la marine républicain, et le général Boulanger considéré comme radical, ce ministère continuait de représenter au pouvoir le programme lu le 16 janvier à la tribune par M. de Freycinet.

Ce programme, au 14 octobre, était loin d'une réalisation ; mais on pouvait en accuser les difficultés qu'il rencontrait ou faisait naître. D'ailleurs, le temps écoulé depuis le 16 janvier était court.

Cependant la Chambre avait traversé heureusement des défilés dangereux.

Réunion du Congrès, proposition d'accusation du ministère

tombé le 30 mars 1885, interpellation sur les événements de Decazeville, émission d'un emprunt de 500 millions, expulsion des princes...

Tous les ponts semblaient passés.

Malgré leurs dissentiments, les groupes républicains de la Chambre s'étaient mis d'accord lorsque l'intérêt supérieur de la République était visible. Après s'être formée d'abord par 317 députés pour approuver M. Goblet, au sujet des suspensions de traitement infligées à des prêtres qui s'étaient montrés hostiles au Gouvernement pendant les élections, une majorité exclusivement républicaine avait grandi et était parvenue au chiffre de 370 voix.

Le 14 octobre, la loi sur l'enseignement fut mise la première à l'ordre du jour.

Le 18 octobre, interpellation de l'extrême gauche au sujet des troubles survenus à Vierzon par suite de la grève des ouvriers métallurgistes, pour laquelle la population venait de prendre fait et cause, sans que les ouvriers métallurgistes eux-mêmes se fussent mêlés aux troubles.

Plusieurs ordres du jour sont proposés, les uns approuvant les mesures prises par le gouvernement, les autres blâmant non le ministre, mais ses agents.

D'un autre côté, l'ordre du jour pur et simple est demandé.

M. Sarrien, ministre de l'intérieur, déclare qu'il n'accepte pas l'ordre du jour pur et simple; il veut l'ordre du jour de confiance.

L'ordre du jour pur et simple est voté à une grande majorité. M. Sarrien annonce qu'il se retire.

Le lendemain, on apprenait que MM. Baïhaut, Sadi-Carnot, Develle et Demôle le suivaient; mais de vives instances étaient faites auprès d'eux et, le 19, tous les ministres gardaient leurs portefeuilles.

La discussion sur la loi d'enseignement fut promptement close. Par une convention entre les groupes républicains, tous les amendements à cette loi furent repoussés, afin qu'il n'y eût point lieu de la renvoyer au Sénat, où elle aurait pu être arrêtée encore pendant plus d'un an. L'ensemble de la loi fut adopté le 28 octobre par 363 voix contre 179.

Le 11 novembre, dans les bureaux, élection d'une Commission de 22 membres pour examiner les propositions tendant à la dénonciation du Concordat ; 13 membres sont favorables à la dénonciation, 9 se prononcent contre.

Le budget de 1887 se présentait en déficit.

M. Carnot, ministre des finances, était en désaccord avec la Commission.

Pour arriver à l'équilibre, l'un et l'autre, par des moyens différents, proposaient un appel à l'emprunt et à l'impôt.

Le 18 novembre, en réponse aux réclamations qui s'élevaient de divers côtés, le président de la Commission, M. Rouvier, disait :

« Il faut que la Chambre le sache, il n'y a qu'une différence apparente, une différence d'écritures. Au fond, dans la réalité, on emprunte dans le budget du gouvernement comme dans le budget de la Commission. Ce qui est une vérité qui n'est pas contestée et pour la connaissance de laquelle il n'est pas besoin de faire un grand effort, c'est que quand les recettes sont inférieures aux dépenses, il faut recourir à l'emprunt ou à l'impôt. »

M. de Douville-Maillefeu prend la parole et dit :

« Le programme ministériel contenait cette déclaration : ni emprunts ni impôts nouveaux : des économies...

« Je demande que le projet de budget soit renvoyé à l'examen de la Commission, pour être établi en équilibre au moyen d'économies réelles et non à l'aide d'emprunts ou d'impôts nouveaux. »

Il propose un ordre du jour en ce sens, lequel est voté par 330 voix contre 128.

Un grand nombre de députés républicains des plus expérimentés aux affaires publiques s'abstinrent sur ce vote qui leur paraissait consacrer une impossibilité ; la suite devait bien le démontrer.

A l'ouverture de la séance suivante, le président de la Commission du budget annonçait qu'un accord s'était établi avec le ministre des finances qui abandonnait son plan. On renonçait aux impôts proposés soit par le Gouvernement, soit par la Commission ; on ajournait aux premiers mois de l'année 1887 les propositions des réformes fiscales et des sacrifices (c'est-à-dire des emprunts) nécessaires, afin d'arriver à produire les ressources indispensables pour équilibrer le budget d'une manière définitive, au moins pour la durée de cette législature.

Sans plus tarder, la Chambre se lançait avec ardeur dans la voie des économies.

Le 20 novembre, l'intérêt des fonds déposés aux caisses d'épargne était réduit ; au lieu de 4 0/0, il était abaissé à 3,25.

Le 22, on propose la suppression des sous-secrétaires d'État, qui procurerait une faible économie, d'ailleurs contestée. Cette suppression n'est repoussée que par 245 voix contre 241. Beaucoup de députés s'abstiennent sur cette question, parce que la nécessité d'un sous-secrétaire d'État en certains cas, notamment pour les colonies, semble évidente.

Le 23, sur les frais du personnel de l'administration centrale des finances, montant à 3,618,500 francs, on vote une réduction de 618,500 francs.

Matériel de l'administration centrale, compté pour 665,000 fr. par la Commission ; on vote une réduction de 165,000 francs.

Sur les frais d'impression du ministère des finances, comptés pour 2,300,000 francs, on vote une épluchure de 50,000 francs.

Le 24, réductions notables sur les trésoriers-payeurs généraux, sur les receveurs particuliers des finances, prises en considération à une grande majorité.

Le 25, réduction sur le chapitre des pensions de la marine. Compté d'abord pour 27,123,000 francs, réduit, d'accord avec le Gouvernement et la Commission du budget, à 26,267,000 francs, et réduit enfin par la Chambre à 25,480,000 francs.

Le 26, réduction de 720,000 francs sur les frais de la justice criminelle en France et en Algérie.

Le 27, M. Michelin propose, par amendement au budget, la suppression de l'ambassade française au Vatican. Votants : pour, 239 ; contre, 283.

Le 2 décembre, la Chambre vote une réduction de 25,000 fr. sur le traitement proposé pour cinq directeurs du ministère de l'intérieur.

Le ministère Freycinet, en arrivant au pouvoir, avait reconnu que, dans l'administration, on devait faire des exemples nécessaires.

S'appuyant sur cette déclaration, les députés de plusieurs départements demandaient le changement de certains sous-préfets qui s'étaient mis en hostilité avec diverses fractions du parti républicain.

Malgré une insistance prolongée, ces déplacements n'ayant pas été obtenus, un amendement au budget avait été proposé par M. Colfavru et plusieurs autres députés afin de supprimer les fonds destinés à rétribuer les sous-préfets, ce qui avait pour conséquence la suppression de leurs fonctions.

Mis en discussion le 3 décembre, cet amendement fut combattu par le ministère comme désorganisant l'administration ; et il fut adopté par 262 voix contre 249.

La minorité de 249 voix était entièrement composée de républicains ; beaucoup d'entre eux, sans être admirateurs de l'organisation départementale actuelle, pensaient qu'on ne pouvait supprimer les sous-préfectures qu'à la condition d'avoir d'abord institué des conseils cantonaux.

Parmi les 262 voix de la majorité, dans ce scrutin, se trouvaient plus de 80 républicains qui avaient voulu marquer ainsi leur désir d'une réforme administrative et obtenir des économies. Mais il est permis de croire que les 180 monarchistes, soi-disant conservateurs qui s'étaient unis à eux dans cette circonstance, ne voulaient point la suppression des sous-préfectures que, sans doute, ils se garderaient bien de faire s'ils ressaisissaient le Gouvernement ; ils voulaient simplement renverser le ministère et accuser ensuite la République d'une instabilité dont ils étaient les principaux auteurs.

Le ministère tout entier déclara qu'il se retirait.

Cette résolution pouvait surprendre, car, huit jours auparavant, à l'occasion de plusieurs diminutions de crédits auxquelles s'étaient opposés les ministres, M. de Freycinet avait dit :

« Je crois que la fraction même de la majorité républicaine qui a voté contre le Gouvernement n'a pas eu l'intention de lui faire échec... Ces votes émis dans un sentiment d'économie louable... que nous avons pu en certains cas trouver exagéré, ces votes, je ne crois pas qu'à aucun moment ils aient eu un caractère politique... »

Et, de l'extrême gauche, plusieurs voix avaient répondu : « Bravo !... c'est vrai !... »

Bon nombre de républicains s'offrirent à faire naître dès le lendemain un incident de séance sur lequel un ordre du jour de confiance serait voté en faveur du ministère.

M. de Freycinet et ses collègues refusèrent cet arrangement proposé par la gauche radicale et qui, d'ailleurs, était loin de se présenter à eux avec une insistance très générale de la part des autres groupes républicains.

Le 11 décembre, M. Goblet était président du conseil, ministre de l'intérieur et des cultes.

M. Sarrien avait la justice ; M. Dauphin, les finances ; M. Berthelot, l'instruction publique ; M. Millaud, les travaux publics ; MM. Lockroy, Develle et Granet conservaient leurs portefeuilles, ainsi que le vice-amiral Aube et le général Boulanger.

La déclaration lue aux Chambres par le nouveau ministère fut modeste.

« A l'extérieur, continuer la politique à la fois prudente et ferme du précédent cabinet.

« A l'intérieur, bien gouverner et bien administrer, de façon à rattacher définitivement à la République les populations qu'on avait cherché à en éloigner. »

Quant aux questions sur lesquelles il ne croyait pas pouvoir réunir une majorité dans la Chambre, il annonçait nettement qu'il ne les proposerait pas.

Économies sérieuses, remaniement du système d'impôts, simplification de l'organisation administrative, sans avoir la prétention d'opérer d'un seul coup ces réformes.

Mise en œuvre de la loi sur l'enseignement, vote de la loi militaire nouvelle, examen des projets concernant l'agriculture, l'industrie, l'Exposition de 1889 et les intérêts des travailleurs.

Tel était ce programme.

M. Goblet terminait en disant :

« Messieurs, si nous parvenions à mener cette œuvre à bonne fin, n'aurions-nous pas répondu aux vœux du pays, donné satisfaction à ses besoins les plus urgents et affermi sa confiance dans la République ?

« Ne croyez-vous pas qu'une semblable espérance vaille la peine de grouper une majorité ?

« Quant à nous, nous voulons mériter votre confiance, moins par l'étendue de nos promesses que par notre fidélité à les remplir. »

II

A peine installé, le ministère du 11 décembre était en butte aux hostilités de la droite ; elle voyait en M. Goblet l'auteur de la loi scolaire et elle se considérait comme provoquée.

Pour parvenir à une action commune, un accord fut tenté sans succès par la gauche radicale ; ce groupe proposait à l'union des gauches de faire elle-même le choix des parties du programme radical qu'elle consentirait à appuyer, afin que la majorité pût marcher avec ensemble ; mais l'union des gauches parut résolue à se maintenir dans une extrême réserve vis-à-vis des groupes radicaux.

14 décembre, le ministère demande deux douzièmes provi-

soires afin d'assurer les services pendant les deux premiers mois de l'année 1887.

M. Clémenceau : « Il faut constater que le Gouvernement (Freycinet) a été renversé parce qu'il s'est spontanément créé dans la Chambre une majorité gouvernementale ayant une politique, ayant un but bien déterminé : faire toutes les économies possibles, toutes les économies compatibles avec la situation, afin d'éviter à tout prix l'impôt dont on menaçait les contribuables.

« Ce Gouvernement n'avait pas observé le contrat qu'il avait conclu avec la Chambre en ce qui concerne la confection du budget ; la Commission du budget l'a suivi dans cette voie ; la Chambre les a renvoyés dos à dos (le 18 novembre) et s'est mise à faire elle-même sa propre réforme avec cette idée d'éviter à tout prix les impôts pour le contribuable français.

« Ce Gouvernement a été renversé le jour où il s'est trouvé dans cette Chambre une majorité d'action, de réformes, qui, sans tenir compte des considérations accessoires, s'est résolue, quelles que puissent être les conséquences de sa décision, à faire elle-même les réformes nécessaires.

« Eh bien, cette majorité, elle est là, elle subsiste ; il faut la maintenir, il faut qu'elle vive. Est-ce que vous ne voyez pas que c'est là la véritable majorité dans cette Chambre républicaine, et que c'est sur cette majorité d'action qu'un ministère peut s'appuyer pour former un Gouvernement durable, pour le plus grand bien du pays, dans les circonstances difficiles où nous sommes ?

« Oui, il faut en prendre son parti : chercher une majorité seulement au centre comme dans l'ancienne Chambre, alors que cette majorité n'existe plus, c'est une tentative vaine qui ferait passer le pays par une série de crises stériles et nous conduirait à l'anarchie, à l'impuissance.

« Il faut que les hommes politiques qui siègent au Gouvernement en prennent leur parti, qu'ils se consultent et prennent une résolution définitive. Je leur demande s'ils veulent gouverner avec le concours de la droite républicaine ou avec le concours de l'extrême gauche... Je ne crois pas qu'il y ait un seul républicain qui ne soit obligé de reconnaître que la question se pose ainsi. »

M. Goblet : « Nous avons annoncé que non seulement dès la rentrée de la Chambre à la session de 1887, dès les premiers jours qui suivraient cette rentrée, nous serions en mesure de vous apporter le budget de 1887 remanié, mais qu'en même temps ou tout au moins dans les premiers mois de 1887, nous vous apporterions aussi les projets de réformes que nous avons conçus ; nous vous demandons de nous accorder jusque-là une confiance provisoire...

« ... Dans notre déclaration on trouve au premier rang... et pour la première fois, avec l'annonce du dépôt prochain des projets, la réforme financière et la réforme administrative ; la réforme financière, la réforme fiscale qui, je n'hésite pas à le dire, est celle que j'ai souhaitée pour ma part depuis que je suis dans la politique, et que je vois aujourd'hui pour la première fois entrer dans la voie de l'application. »

Les douzièmes provisoires sont accordés à une immense majorité, et la session extraordinaire de 1886 est close le 18 décembre.

A l'ouverture de la session de 1887, le 10 janvier, un grand nombre de projets de budget se trouvaient en présence, tous contenant des propositions d'emprunts, presque tous comportant, en outre, des impôts nouveaux.

Les renseignements apportés des départements par les députés faisaient connaître qu'on n'y croyait pas beaucoup à la formule : ni emprunts ni impôts ; mais on demandait partout une répartition plus équitable des charges publiques.

Beaucoup de journaux réclamaient sans cesse que l'on fît sans délai un budget définitif. Cependant, une assemblée qui contenait 265 députés nouveaux venus en octobre 1885 ne pouvait se soustraire à la nécessité d'étudier longuement cette matière difficile.

Le 12 janvier, M. Floquet était réélu président de la Chambre.

Le 13, M. Dauphin, ministre des finances, déposait un projet rectifié portant fixation du budget général des recettes et des dépenses de l'exercice 1887.

Le 17, la Chambre, reprenant sa campagne d'économies, rognait 40,000 francs sur les [fonds des inspections générales administratives.

Le 22, suppression du crédit de 220,000 francs proposé pour la compagnie du chemin de fer de Dakar à Saint-Louis du Sénégal.

Cependant, on commençait à reconnaître que les ressources ordinaires du budget étaient insuffisantes pour équilibrer les dépenses, et que la recherche des économies entreprise par la Chambre ne saurait donner des résultats capables de rétablir l'équilibre. Si l'on arrive à glaner 10 à 20 millions sur le budget, disait la *Justice*, ce sera énorme, en même temps que tout à fait insuffisant pour combler la différence.

Car il fallait, dans cette année, 86 millions pour refaire le matériel de guerre, 26 millions pour la marine, 55 millions pour les travaux publics. Le même journal disait encore : « Discuter si l'on empruntera cette année, c'est mal poser la question. Nous ne pouvons discuter que deux points : comment emprunterons-nous? jusqu'à quand emprunterons-nous? »

Le 29 janvier, on vote sur le budget des cultes : 331 pour, 173 contre.

Le 5 février, adoption du budget des dépenses : pour, 365 ; contre, 0. Tous les opposants de droite se sont abstenus.

8 février, un membre de la gauche radicale demande la suppression du privilège des bouilleurs de cru, qui figurait à l'ancien projet de M. Sadi Carnot, et que le Gouvernement avait abandonnée.

Le ministre des finances demande l'ajournement de cette question ; la Chambre vote l'ajournement.

10 février, M. Georges Perrin propose l'adoption de la formule suivante :

« Le Gouvernement est invité à présenter un projet de loi d'impôt sur le revenu, unique et progressif. »

L'orateur constate que l'impôt, en France, pèse d'un poids

plus lourd sur le pauvre que sur le riche ; il rappelle que, selon la doctrine de la Révolution française, le contribuable doit payer l'impôt en proportion de ses facultés.

Il demande que l'on cesse de parler toujours, comme on le fait depuis un an, d'accomplir les réformes fiscales, de remanier les impôts, sans jamais rien préciser.

Le ministre des finances repousse les mots « progressif et unique » ; il déclare qu'avant le projet de budget pour 1887, il déposera un projet de loi spécial sur la matière et qui réalisera, il l'espère, les promesses qu'un si grand nombre de députés républicains ont faites au pays.

La Chambre, par 261 voix contre 227, adopte la formule suivante :

« Le Gouvernement est invité à présenter un projet de loi d'impôt sur le revenu. »

Par 414 contre 99, elle repousse l'impôt progressif.

Par 435 contre 34, elle repousse l'impôt unique.

Le 11 février, la Chambre adopte, par 417 voix contre 96, la disposition suivante :

« Les produits étrangers importés dans la Cochinchine, l'Annam et le Tonkin seront soumis, à partir du 1er juin 1887, aux droits inscrits au tarif général de la métropole.

« Des règlements d'administration publique détermineront les produits qui, par exception à la présente disposition, seront l'objet d'une tarification spéciale. »

Le 26 février, la Chambre repousse des augmentations introduites par le Sénat relativement à des dépenses qu'elle avait récemment diminuées.

Elle admet néanmoins le rétablissement de 5,000 francs pour les directeurs du ministère de l'intérieur, chargés, dit M. Goblet, de services très importants et qu'ils n'acceptent qu'en renonçant à un traitement supérieur, car ils sont tous anciens préfets.

M. Goblet rappelle qu'il a supprimé les sous-secrétaires d'État, excepté celui des colonies, d'où est résultée une économie de 20,000 francs, et il déclare qu'il se retirera si on lui refuse ces 5,000 francs pour les directeurs de l'intérieur.

Quoique très résolus aux économies, un certain nombre de députés ne purent se résoudre à renverser le ministère pour si peu de chose; les 5,000 francs furent accordés par 292 voix contre 143.

Tenant d'ailleurs compte des projets de réforme administrative qui lui sont annoncés, la majorité de la Chambre, votant à mains levées, rétablit les traitements des sous-préfets pour l'année 1887.

Au sujet des frais d'élections sénatoriales qui sont payés par l'État, le Sénat avait voté une réduction de 25,000 francs. Elle est adoptée par la Chambre.

La Chambre avait voté 10,000 francs pour une chaire de théorie des nombres au Collège de France; le Sénat l'ayant retranchée, la Chambre adopte cette réduction par 261 voix contre 239.

Mais pour l'enseignement commercial et industriel, le chiffre voté par la Chambre avait été de 550,000 francs. Le Sénat l'ayant réduit à 282,000 francs, la Chambre rétablit le chiffre primitif par 256 voix contre 248.

L'ensemble du budget est adopté.

Le 10 mars, après une longue discussion, la Chambre portait le droit d'entrée sur les blés étrangers de 3 francs à 5 francs par 100 kilos. Votants : pour, 312 ; contre, 233.

Le 12 mars, elle portait à 8 francs le droit d'entrée sur la farine étrangère, qui était de 6 francs depuis la loi de 1885 ; votants : pour, 349 ; contre, 149.

Néanmoins, la Chambre, par 262 voix contre 244, votait la disposition suivante :

« Dans les circonstances exceptionnelles et quand le prix du pain s'élèvera à un taux menaçant pour l'alimentation publique, le Gouvernement pourra, en l'absence des Chambres, suspendre, en tout ou en partie, les effets de la présente loi, par décret du Président de la République rendu en conseil des ministres.

« Dans ce cas, la mesure prise par le Gouvernement devra être soumise à la ratification aussitôt les Chambres réunies. »

Au cours de cette discussion, les partisans du libre-échange et de la production s'étaient combattus avec leur véhémence classique. Cependant, ni l'une ni l'autre doctrine n'avait ici triomphé ; l'appoint formant la majorité paraissait avoir été décidé par cette considération, que ni l'une ni l'autre théorie n'était exclusivement applicable ; et que, pour chaque cas particulier, le législateur devait rechercher si l'intérêt national conseillait de défendre l'industrie française en élevant des tarifs, ou d'accorder aux produits étrangers une liberté plus ou moins étendue, en abaissant des tarifs.

Le 22 mars, discussion au sujet de l'établissement d'un droit de douane de 3 francs par quintal sur le maïs étranger, dont l'importation par quantités immenses réduit énormément la consommation de l'avoine française, d'autant plus que l'avoine dans beaucoup de villes, notamment à Paris, paye un droit d'octroi, tandis que le maïs employé à la nourriture des chevaux ne paye aucun droit d'octroi. Or on évalue à un million de quintaux la quantité de maïs employé à la nourriture des chevaux en France. D'ailleurs, le maïs étranger fait une concurrence redoutable à la distillation des produits agricoles français.

La Chambre repousse la proposition d'un droit d'entrée sur le maïs étranger par 267 voix contre 262.

Le 26 mars, le droit de douane sur les bœufs étrangers est porté à 38 francs.

Le droit de 25 francs sur les vaches est repoussé par 264 voix contre 261 ; mais un droit de 20 francs est adopté par 271 voix contre 227.

On adopte un droit de 8 francs sur les veaux, 5 francs sur les moutons, 12 francs sur le quintal de viande fraîche.

L'ensemble de la loi est voté par 328 voix contre 207.

Le 2 avril, par 274 voix contre 249, la Chambre décide que la Commission du budget sera élue au scrutin de liste.

III

Cet exposé sommaire serait trop incomplet si l'on omettait certaines circonstances.

Le général Boulanger, ministre de la guerre, jouissait d'une grande popularité ; elle s'était faite de beaucoup d'éléments divers, avec une singulière promptitude.

Soldat brave et cavalier brillant, jeune encore pour une situation si haute, il avait d'abord été attaqué par les journaux monarchistes, parce qu'il se rangeait parmi les républicains ; plus tard, les journaux opportunistes l'avaient attaqué parce qu'il passait pour radical.

Défendu alors et vanté par les journaux radicaux, agréable aux masses précisément à cause des attaques dont il était l'objet, il avait fait preuve d'énergie en maintenant la discipline jusque dans les plus hauts grades; il avait présenté le décret qui rayait de l'armée le duc d'Aumale. Attaqué de nouveau pour ce fait par les journaux monarchistes, il avait été encore défendu et couvert par les républicains les plus résolus.

Outre la mise en fabrication du nouveau et redoutable fusil de petit calibre, on savait qu'il avait pris d'autres mesures pour la défense nationale; l'armée se sentait plus fermement conduite.

Même, depuis qu'on l'accusait d'aspirer à la dictature, on voyait certains journaux, d'abord très hostiles, se complaire maintenant à enregistrer les manifestations de sa popularité. Césariens, plus encore que monarchistes, ils paraissaient considérer son sabre et son cheval comme des espérances.

La chanson populaire, les images de toutes sortes, les refrains faciles partout répétés, même par les enfants, n'expliquaient pas seuls cette popularité.

L'Allemagne aussi attaquait le ministre de la guerre ; ses journaux étaient remplis de plaintes, ils semblaient le craindre.

C'est là ce qui, sous des dehors un peu folâtres, donnait à sa popularité une grande force.

Cependant beaucoup de journaux français réclamaient sa démission. Ils ne craignaient pas de dire que sa présence au ministère était dangereuse; et, pour preuve, ils citaient des articles de la presse germanique.

Or, le 20 avril, un commissaire spécial français à la gare de Pagny-sur-Moselle, ayant reçu plusieurs lettres de son collègue allemand d'Ars-sur-Moselle, qui l'invitait à venir conférer avec lui sur des questions de service, avait été saisi dès qu'il eut mis le pied en territoire allemand. Après une lutte violente, des agents appostés à la frontière et déguisés l'avaient conduit, menottes aux mains, à la prison de Metz.

On l'accusait d'espionnage, comme si ses fonctions n'avaient pas pour objet essentiel d'observer tout ce qui se fait à la frontière et d'en rendre compte.

Ce procédé avait-il été délibéré, afin de jeter la France dans un transport de fureur aboutissant à la guerre? Nous l'ignorons. Mais l'opinion publique, partout en Europe, se souleva.

La France réclamait; le gouvernement allemand résistait. Pendant plusieurs jours, dans Paris, on s'attendait à voir décréter la mobilisation générale.

Il n'y eut aucune émotion apparente, point de manifestation; mais chacun faisait ses préparatifs.

Cependant le commissaire de Pagny-sur-Moselle fut mis en liberté le 28 avril. L'habile fermeté du gouvernement français triompha du gouvernement de Berlin qui dut reconnaître l'*irrégularité* de l'arrestation. C'était, depuis 1870, le premier avantage remporté par la France sur la chancellerie allemande.

10 mai, reprise de la session.

Le 16, la Chambre, modifiant le régime des sucres, adopte le relèvement de la prise en charge qui, au lieu de $6^k,500$ de sucre raffiné pour 100 kilogrammes de betteraves, est porté à 7 kilogrammes pour la campagne 1887-1888, à $7^k,250$ pour 1888-1889, à $7^k,500$ pour 1889-1890, et à $7^k,750$ pour 1890-1891.

Dans cette séance surgissait un incident dont les conséquences devaient être graves.

3.

La Commission du budget, par l'organe de son rapporteur, faisait connaître que, pour assurer l'équilibre des recettes et des dépenses, les propositions du ministère lui paraissaient insuffisantes.

« Le ministère, disait le rapport, n'insiste sur aucune de ces dispositions, soit qu'il s'agisse du nouveau type d'emprunt amortissable ou de la combinaison singulière qualifiée de reconstitution du capital, ou de l'impôt présenté à la Chambre comme un impôt sur le revenu....

« Ainsi, nous nous trouvons dès le début de nos travaux devant le vide. Le ministère, qui s'est montré devant nous également résigné à l'insuccès de ses propositions et résolu à n'en pas apporter d'autres, attend celles que nous pourrons faire pour se prononcer sur elles...

« Avec une crise et en présence de l'Europe, dire que l'on fera disparaître, sans charge nouvelle, le déficit de 500 millions d'emprunts annuels, ce n'est pas un programme, c'est une présomption. »

Le rapport repoussait les impôts supplémentaires comme la plus téméraire des imprévoyances, avant d'avoir tenté tout ce qui peut permettre de les éviter ou de les restreindre.

En conséquence, il faut donc s'attacher aux économies.

Il faut réformer les abus et les routines dans les ministères. A cet effet, la commission réclame l'initiative du ministère lui-même. Elle prétend ne pouvoir le suppléer ni se mettre au travail à sa place.

Et le rapport se terminait en présentant ce projet de résolution :

« La Chambre, considérant que les économies introduites dans le budget de l'exercice 1888 sont insuffisantes, invite le Gouvernement à lui soumettre de nouvelles propositions. »

La discussion fut fixée au lendemain.

17 mai. Le ministre des finances prit d'abord la parole. Il affirma qu'aucune de ses propositions n'avait été abandonnée et qu'aucune ne lui paraissait mériter le mauvais accueil qu'elles avaient reçu de la Commission du budget.

La dépense totale proposée pour 1888 s'élève de 58 ou 59 millions au-dessus du budget de 1887, mais combien y a-t-il de dépenses nouvelles et obligatoires auxquelles il a été impossible de se soustraire? Il y a, par exemple, 31 millions et demi en exécution des décisions de la Chambre, notamment une augmentation de 16 millions pour solder les intérêts de l'emprunt de 1886.

Si l'on déduit du budget la dette publique, les dépenses des pouvoirs publics et la dette viagère qui sont irréductibles, le budget remaniable n'est que de 1 milliard 337 millions. Or, « dans les budgets de 1887 et 1888, par comparaison avec le budget de 1886, la Chambre est parvenue à faire 77 millions d'économies sur 1 milliard 337 millions de dépenses compressibles. C'est 6 pour 100 de diminution sur le montant des crédits. »

Nous avons fait tous nos efforts, dit-il; vous êtes des hommes compétents (il y avait en effet dans la commission six anciens ministres et sept anciens sous-secrétaires d'État).

« Qu'ils parlent, et à leurs efforts nous ne résisterons pas, nous applaudirons.

« Comment ce langage peut-il être l'occasion ou la naissance d'un conflit?

« Comment! le Gouvernement ne pourra pas demander à la Commission du budget, étant animé des mêmes intentions qu'elle, de collaborer d'accord, au lieu de se heurter l'un contre l'autre? croyez-vous que le pays gagne beaucoup à nous voir discuter sur la grave question de savoir lequel proposera le premier l'économie, et lequel, le second, l'acceptera. »

Au lieu de discuter sur les théories parlementaires, dit-il encore, il y a quelque chose de plus grand et de plus utile qu'une pareille discussion, c'est d'être d'accord, de rechercher ensemble les économies; et le Gouvernement se met à votre disposition.

M. Rouvier, président de la Commission :

Nous voulons que le budget de 1888 ne coûte pas plus que celui de 1887. Celui du ministère conduisant à une dépense supérieure de 58 millions, nous lui disions : réduisez de 58 millions vos dispositions premières.

Le président du conseil nous répondait : je trouve 21 millions d'économies, pas davantage ; si vous pouvez en indiquer d'autres, le Gouvernement les examinera.

Comment pouvions-nous espérer que si nous n'étions pas d'accord sur le principe même, à savoir qu'il ne fallait pas que les dépenses de 1888 dépassassent celles de 1887, on accepterait nos propositions quand nous serions venus indiquer les réformes possibles sur des points spéciaux; sur la marine, sur les travaux publics, sur les colonies, par exemple.

Dépenser 50 millions de moins, faire rendre aux impôts 70 à 80 millions de plus en réprimant les fraudes : voilà où il faut tendre.

M. Goblet, président du conseil :

« Croyez-vous qu'on puisse à l'heure actuelle équilibrer le budget par des économies seulement? Pour moi, je ne le crois pas.

« Ou vous avez une notion quelconque des économies nouvelles que vous nous demandez, et alors faites-les nous connaître ; ou vous n'en avez pas, et alors je demande quel débat se poursuit dans cette enceinte...

« Sortons des obscurités et de l'équivoque...

« Il ne s'agit pas d'un supplément d'économies, car le meilleur moyen de les faire, ce serait d'y travailler d'accord ; nous avons toujours offert notre concours, nous l'offrons encore aujourd'hui.

« Non, ce n'est pas de réformes pas plus que d'économies qu'il s'agit dans le débat actuel, il y a autre chose...

« C'est le grand malheur de semblables discussions, qu'on discute à la tribune autre chose que ce qui fait le fond du débat.

« Si la Chambre, dans sa majorité, croit devoir s'associer à la résolution qui lui est proposée, alors il ne nous restera qu'à nous retirer du pouvoir. Nous le quitterons sans regrets ; dans les conditions où il s'exerce, je ne sais pas qui pourrait le trouver enviable ; mais nous le quitterons avec la satisfaction de laisser entre vos mains la France calme et confiante au dedans, digne et respectée au dehors. »

Plusieurs ordres du jour sont proposés, notamment celui de M. A. de la Forge, qui tend à la conciliation.

Le Gouvernement l'accepte, la Commission ne l'accepte pas. On vote : pour, 257 ; contre, 275.

Le ministère déclare qu'il se retire.

La résolution proposée par la Commission est votée par 306 voix contre 133 ; 150 députés républicains s'abstiennent.

Assurément, pour le simple bon sens, ce débat et ces votes étaient inexplicables.

Jeter le trouble dans les esprits au lieu de faire tous les efforts possibles pour l'éviter, ajourner la solution des difficultés financières en ouvrant une dangereuse crise ministérielle, au lieu de faire en commun tous les efforts possibles pour trouver les 30 millions qui, disait-on, étaient nécessaires, renverser ce ministère qui, le premier, venait d'assurer à la France un avantage marqué sur le gouvernement allemand, c'était inexplicable ; mais, ainsi que le disait M. Goblet, il y avait autre chose.

La popularité du général Boulanger offusquait les uns ; la vigueur avec laquelle il hâtait les préparatifs militaires du pays effrayait les autres.

Plusieurs députés commençaient à le soupçonner d'aspirer à la dictature, et certainement il paraissait trop rechercher l'attention publique.

Enfin les adversaires du parti radical trouvant ici une occasion de renverser un ministère qui comprenait des radicaux s'étaient empressés de la saisir.

Lorsque, au *Journal officiel* du 18 mai, on examine les votes de part et d'autre, que voit-on ?

A l'extrême gauche, 47 votants pour le ministère, et 37 seulement contre.

A la gauche radicale, plus de 80 votants pour le ministère

et 8 seulement contre, lesquels font d'ailleurs en même temps partie de l'extrême gauche.

Outre les 37 membres de l'extrême gauche, la majorité hostile au ministère est formée de tous les députés de la droite et d'environ 70 députés de l'Union des gauches avec MM. Jules Ferry, Raynal, Waldeck-Rousseau, Cochery, anciens ministres.

Ainsi, le parti radical en immense majorité avait voté pour le ministère.

Et il n'est pas vrai que le ministère ait été renversé par une coalition de l'extrême gauche et de la droite.

Il a été renversé par une coalition de MM. Jules Ferry, Raynal, etc., suivis par 70 membres de l'Union des gauches, unis à MM. de Mackau, La Rochefoucauld, etc., suivis de la droite, avec une minorité de l'extrême gauche.

IV

La crise ministérielle se prolongea pendant quinze jours ; M. de Freycinet fut appelé par le Président de la République. On lui proposait un accord avec MM. Jules Ferry et Raynal. On ne put s'entendre ; M. de Freycinet se retira.

Bientôt on apprit que M. de Mackau avait conféré avec le Président de la République.

M. Clémenceau ne fut pas consulté ; pas plus qu'il ne l'avait été, d'ailleurs, à l'occasion des crises précédentes.

A la vérité, il n'avait été suivi le 17 mai que par une minorité de l'extrême gauche, tandis que, six mois auparavant, il semblait à la tête de 180 radicaux, sans compter bon nombre d'indépendants qui votaient presque toujours avec nous.

Mais, par son talent d'orateur, il n'en était pas moins l'un des hommes les plus considérables du parti républicain, et un redoutable adversaire pour les ministres ; on l'avait bien vu.

C'était donc une étrange faute de ne pas même le consulter, à moins qu'on ne voulût réaliser l'une des hypothèses traitées dans son discours du 14 décembre 1886, où il admettait qu'on pût rechercher l'appui de la droite républicaine pour se passer du concours de l'extrême gauche. Mais la mort de Raoul Duval avait réduit à rien la droite républicaine ; c'était la droite monarchique qui restait seule.

Le 31 mai, le ministère était composé :

MM. Rouvier, finances, postes et télégraphes, président du conseil ; Fallières, intérieur et cultes ; Spuller, instruction publique, beaux-arts ; Flourens, affaires étrangères ; Mazeau, justice ; Ferron, guerre ; Barbey, marine ; Dautresme, commerce ; Barbe, agriculture ; Heredia, travaux publics.

Ces deux derniers, inscrits à la gauche radicale, étaient fort blâmés par leurs collègues ; plusieurs députés de ce groupe avaient refusé d'accepter des portefeuilles dans une combinaison qui leur paraissait suspecte.

M. Rouvier, par sa déclaration, affirma qu'il voulait entreprendre les réformes à l'occasion desquelles la dernière crise s'était produite, et qui étaient la raison d'être du cabinet actuel.

En réprimant les fraudes, il fera rendre aux impôts tout ce qu'ils peuvent rendre. Les dépenses pour 1888 seront ramenées à un chiffre inférieur à celui de 1887 ; en aucun cas on ne le dépassera. Il dit avoir cherché la formation d'un cabinet de concentration républicaine, il appelle tous les républicains à le soutenir.

Une interpellation sur la politique générale du ministère est aussitôt déposée au nom de l'extrême gauche et de la gauche radicale.

M. Rouvier demande la discussion immédiate.

On lui demande de s'expliquer sur son programme et sur les manifestations de confiance qui émanent de la droite et de ses journaux. Comment entend-il faire sa majorité ?

On lui dit : « Vous savez très bien que vous n'aurez le concours ni de l'extrême gauche ni de la gauche radicale ; vous êtes forcément le prisonnier de la droite. »

Le ministre déclare que si la majorité du parti républicain lui refuse ses votes il se retirera.

Un ordre du jour de défiance est proposé. On vote : pour,

139 ; contre, 285. Un très grand nombre de députés se sont abstenus.

L'ordre du jour pur et simple demandé par le ministre est voté par 362 voix contre 149. Une majorité de républicains se montre en sa faveur (210 voix contre 140 environ).

6 juin, la Chambre commence la discussion du projet de loi militaire.

Le 7, un député, ancien soldat de la Défense nationale, demande que la nouvelle loi assure les droits de belligérants aux partisans francs-tireurs en cas de guerre.

M. Laisant, rapporteur de la commission, répond qu'un paragraphe ajouté à l'article 8 prévoit la formation de bataillons de vétérans sous les ordres du ministre de la guerre, et donne satisfaction sur ce point. La disposition nouvelle couvre en réalité les corps de partisans qui pourront être formés pendant la guerre.

Le 11 juin, l'urgence relativement à la loi militaire est déclarée par 355 voix contre 191. Sur ce vote capital, tous les ministres s'abstiennent. L'opinion publique en conclut qu'ils ont ainsi donné un premier gage à la droite, qui repousse la loi militaire.

17 juin, délibération sur la loi relative aux délégués mineurs élus. Leurs fonctions doivent consister à visiter les mines, constater les accidents et dresser des procès-verbaux. Sont électeurs tous les ouvriers travaillant au fond ou à l'extérieur, inscrits sur la liste de paye. Sont éligibles les ouvriers de vingt-cinq ans au moins qui ont travaillé pendant un an au fond de la mine.

Le 24, l'urgence sur ce projet est votée par 349 voix contre 148.

Interpellation de M. J. Gaillard (Vaucluse) au sujet de l'internement, dans une maison de santé, de M. Raymond Seillière.

M. Seillière avait été arrêté à la requête d'une personne de sa famille.

L'orateur demande au ministre de l'intérieur s'il pense que la loi sur les aliénés assure aux citoyens une garantie suffisante, et, par les circonstances de cet internement, il démontre que ces garanties n'existent pas.

Le ministre défend son administration et déclare qu'il dépose sur le bureau de la Chambre le projet de loi rectificatif de la loi sur les aliénés adopté par le Sénat.

L'ordre du jour pur et simple est voté avec l'adhésion de M. Gaillard; mais, peu après, son énergique discours amenait la mise en liberté de M. Seillière.

27 juin, M. Labordère propose de faire élire les sénateurs comme les députés, au suffrage universel. L'urgence est repoussée par 309 voix contre 109.

2 juillet, le député qui a demandé une disposition relative aux corps francs propose l'organisation de bataillons garde-frontières sous le nom de chasseurs des Alpes.

5 juillet, l'Allemagne ayant tout à coup modifié profondément sa législation sur les alcools, en élevant à 60 francs le remboursement pour chaque hectolitre exporté du 1er juillet au 1er octobre 1887, assurait ainsi une prime de 40 francs aux exportateurs d'alcool allemand; il devait en résulter l'écrasement des cours de l'alcool sur notre marché.

Afin de nous défendre contre cette invasion nouvelle, le gouvernement français propose d'élever de 30 à 70 francs les droits sur les alcools étrangers. Cette disposition cessera le 1er novembre 1887, à moins qu'il n'en soit autrement décidé. Voté par 518 voix contre 2.

8 juillet, adoption de la loi sur les délégués mineurs.

9 juillet, adoption de la loi militaire par 352 voix contre 181.

11 juillet, interpellation de l'extrême gauche sur les menées monarchistes et cléricales.

M. Tony Révillon reproche au ministère de n'avoir pas une politique franchement républicaine; il vit sur une équivoque; on lui demande de prouver qu'il veut gouverner avec le parti républicain en présentant des réformes que la droite ne puisse accepter. S'il ne le veut pas, s'il ne le peut pas, qu'il se retire.

M. Rouvier. — Nous ne sommes un gouvernement de combat ni contre vous ni contre personne, et nous sommes résolus à faire respecter la République. Quant à nos intentions, nous vous les avons dites en prenant le pouvoir, et nous avons eu la majorité du parti républicain.

Vous êtes 160 à 180 républicains excellents, républicains d'avant-garde qui votez contre nous ; mais vous n'êtes pas une majorité et vous ne pouvez gouverner. Si notre conception du pouvoir ne vous suffit pas, formez une majorité et prenez le pouvoir.

M. Pelletan. — Le pays a vu avec surprise, pour la première fois, un ministère républicain soutenu par les adversaires systématiques du régime républicain.

« A la suite des élections de 1885 il s'est produit un sentiment d'union chez tous les républicains. Celui qui aurait parlé alors de chercher un appui gouvernemental chez nos adversaires eût été accueilli par des huées universelles dans la démocratie républicaine, comment la situation est-elle aujourd'hui si changée ? »

M. Sigismond Lacroix. — Vous dites que vous n'êtes pas un gouvernement de combat. Or il n'est pas un gouvernement républicain qui ne soit fatalement un gouvernement de combat contre les adversaires de la République. Il faut vous dégager de cette situation si vous voulez avoir notre tolérance qui pourra, à mesure de vos actes, devenir de la bienveillance. Nous ne pouvons aujourd'hui vous accorder notre confiance en même temps que vous avez celle des adversaires de la République.

Un ordre du jour de défiance contre le ministère est proposé.

L'ordre du jour pur et simple est demandé ; il est accepté par le ministère.

Pour l'ordre du jour pur et simple : pour, 357 voix ; contre, 111.

Un grand nombre de républicains s'abstiennent. Ils ne peuvent voter l'ordre du jour pur et simple qui satisfait le ministère ; ils pensent cependant que ce serait une faute d'ouvrir une nouvelle crise ministérielle au moment de clore la session, et lorsque le ministère affirme son intention de gouverner dans l'intérêt de la République. Selon eux, c'est une question à revoir après les vacances.

12 juillet, la séance précédente avait été très orageuse; quelques manifestations s'étaient produites contre la direction des débats par M. Floquet. Il avait même exprimé l'intention de se retirer. En effet, le lendemain il envoyait sa démission à la Chambre.

M. Ricard dépose aussitôt le projet de résolution suivant:

« La Chambre refuse la démission de son président et le prie de conserver ses fonctions. »

Voté à l'unanimité de 485 voix.

13 juillet, M. Floquet préside, il garde le poste qui lui a été confié.

Il avait cru voir que sa méthode n'obtenait plus la même adhésion de tous ses collègues ; mais le vote de la veille a été significatif ; d'ailleurs, dit-il, « je ne saurais oublier ce que je dois au parti radical d'où je viens, et où j'irai reprendre ma place lorsque la Chambre ne voudra plus de mes services ».

Applaudissements unanimes et prolongés.

18 juillet, adoption du projet de loi relatif aux contributions directes et aux taxes y assimilées de l'exercice 1888.

Adoption, à l'unanimité, d'un projet de loi ayant pour but d'améliorer la situation des sous-officiers rengagés.

Adoption, par 329 voix contre 122, d'un projet relatif à une expérience de mobilisation.

Adoption du projet relatif à la convocation d'une section technique d'ouvriers de chemins de fer.

19 juillet, interpellation de M. Gustave Rivet, à l'occasion du remplacement hâtif d'un prêtre qui avait eu part dans les événements de Châteauvillain.

L'ordre du jour suivant est déposé :

La Chambre invite le Gouvernement à user de tous ses droits pour imposer à tous les ministres du culte le respect de la République et de ses lois.

Voté par 342 voix contre 140.

Adoption du projet portant répartition du fonds de subvention destiné à venir en aide aux départements, en raison de leur situation financière.

21 juillet, vote d'un crédit de 500,000 fr. pour installation provisoire de l'Opéra-Comique.

La Chambre, par 258 voix contre 221, refuse de passer à la discussion des articles au sujet du projet de chemin de fer métropolitain dans Paris.

Le 22 juillet, la session est close.

Peu de jours après, M. Jules Ferry prononçait à Epinal un discours où il attaquait en termes injurieux l'ancien ministre de la guerre ; il n'épargnait pas la Ligue des patriotes. En même temps qu'il prononçait ainsi des excommunications, il ne manquait pas de glorifier sa politique au Tonkin.

Quant au sens général, voici comment un écrivain appréciait son discours : « Si on en retranchait deux ou trois fois le mot république qui y tient une place inutile, on dirait qu'il a séjourné dans le portefeuille de M. de Fourtou. »

Par une singulière illusion de son caractère agressif, M. J. Ferry croyait faire un discours de conciliation, et il buvait à l'union de tous les républicains.

Mais un journaliste, ancien député, M. Ranc, longtemps partisan du chef de l'opportunisme, écrivait : « Le ton du discours de M. J. Ferry est tel que deux cents députés de la majorité républicaine le considèrent, à tort ou à raison, comme une déclaration de guerre. »

Plusieurs fois, pendant les vacances, notamment à Saint-Dié, M. J. Ferry a soutenu que la dissolution de la Chambre était nécessaire.

D'un autre côté, dans le département de la Somme, M. Goblet disait :

« Je ne suis pas de ceux qui croient qu'il n'y a d'autre remède que la dissolution. Au contraire, je pense toujours que nous pourrons former dans la Chambre actuelle une majorité de gouvernement, mais à une double condition : c'est que d'abord on ne demande pas à cette majorité des réformes actuellement irréalisables parce qu'elles la divisent ; en second lieu, que cette majorité sache fermer l'oreille à l'esprit de rivalité et d'intrigue. »

Le 17e corps ayant été désigné pour l'essai de mobilisation, l'ordre de mise à exécution parvient à Toulouse le 30 août; l'empressement du soldat, la bonne volonté des populations, le zèle de tous prouvent que notre pays recèle aujourd'hui une force militaire immense.

15 septembre, les journaux publient un manifeste du comte de Paris.

Dans ce long document, il annonce l'intention de supprimer le droit fondamental et exclusif de la Chambre des députés en matière d'impôt.

Voilà le don de joyeux avènement qu'on nous promet.

Ce droit revendiqué si énergiquement et conquis par la révolution française, ce droit reconnu par la monarchie de 1815 à 1848, reconnu même par l'empire, consacré dans toutes les constitutions de l'Europe, ce droit qui est la garantie la plus sérieuse de la fortune publique et des intérêts des contribuables, serait aboli !

Le 24 septembre, aux environs de Raon-la-Plaine, des Français se rendant à une partie de chasse, et passant par un sentier qui longeait la frontière, on entendit trois coups de feu, et deux des chasseurs tombèrent. L'un, employé dans une brasserie de la région, mourut dans la journée; l'autre, officier élève de l'école de Saumur, était atteint grièvement à la cuisse.

C'était un soldat allemand détaché sur la frontière pour la surveillance du braconnage qui, placé à moins de cent mètres en territoire étranger, avait tiré ; mais c'était sur le territoire français que les nôtres étaient frappés.

Une action diplomatique fut aussitôt engagée par le cabinet de Paris. Celui de Berlin ayant reconnu les faits et exprimé ses vifs regrets à notre gouvernement, accorda une indemnité à la veuve de l'homme assassiné ; dès le début l'officier français avait déclaré qu'il n'accepterait aucun dédommagement pécuniaire.

Le 2 octobre, entrevue du chancelier allemand à Frederihsruhe avec M. Crispi, président du conseil des ministres d'Italie.

7 octobre, le *XIXe Siècle* publie une lettre sur le trafic des décorations au Ministère de la guerre.

Le lendemain, on apprend qu'un général commandeur de la Légion d'honneur, l'un des deux sous-chefs de l'état-major général au ministère de la guerre, vient d'être révoqué, arrêté et conduit à la prison militaire. Ce général a donné dans un piège que lui a tendu la police.

On annonce que, dans ces scandales, des femmes intrigantes, des aventuriers cosmopolites se trouvent mêlés à des personnages occupant une haute situation politique.

13 octobre, l'une des femmes arrêtées met M. Wilson en cause, — nous ne rappellerons pas les accusations portées contre M. Wilson, tout le monde les connaît.

Un général, sénateur, l'un des principaux accusés, prend la fuite.

Certains journaux ayant cherché à compromettre le général Boulanger, parce que c'était lui qui avait signé la nomination du général Caffarel à l'état-major, l'ancien ministre, commandant du 13ᵉ corps, se défendit publiquement et critiqua son successeur qui lui infligea trente jours d'arrêts de rigueur.

15 octobre, le ministre de la guerre ayant convoqué un conseil d'enquête, à l'unanimité, les cinq généraux qui le composent déclarent : oui, le général Caffarel doit être mis en réforme, pour faute contre l'honneur.

17 octobre, M. Wilson est appelé chez le juge d'instruction.

18 octobre, on commence à faire remarquer que les attaques contre M. Wilson rejaillissent sur la personne respectée de M. Grévy. Les journaux disent :

M. Wilson est toujours à l'Élysée. Nous savons très bien que l'intérêt de M. Wilson est de rester à l'Élysée, mais l'intérêt de la République est qu'il en sorte, et qu'il n'existe aucune apparence de complicité entre les trafics auxquels son nom est associé et la faiblesse paternelle de M. Grévy.

La République s'est montrée assez reconnaissante des services que M. Grévy lui a rendus; elle a droit de lui en demander un dernier, celui-ci lui imposât-il même un sacrifice personnel. Ce dernier service, c'est de rompre une solidarité qui, pour n'être qu'apparente, est cependant funeste.

Une élection dans l'Orne, et une dans le Nord, envoient à la Chambre deux républicains au lieu de deux monarchistes. D'ailleurs, depuis 1885, le Nord a déjà élu un républicain à la place d'un monarchiste décédé.

19 octobre, on reproche à M. Wilson d'avoir lésé les intérêts de l'État en faisant restituer 75,000 francs de droits d'enregistrement à des banquiers amis de l'Élysée. Le public apprend que M. Sadi Carnot, alors qu'il était ministre des finances, avait fermement refusé cette restitution.

Cette circonstance, rappelée quelques jours plus tard à la Chambre, fait éclater une triple salve d'apblaudissements en l'honneur de M. Carnot, et l'on entend des députés dire : « Hé!... hé!... voilà un candidat à la présidence de la République. »

24 octobre, le général Caffarel, mis à la retraite, est déclaré déchu du droit de porter aucune décoration française ou étrangère.

25 octobre, ouverture de la session extraordinaire.

Un député de la droite réclame une enquête parlementaire au sujet de divers trafics qui auraient été constatés dans nos services publics.

Il demande l'urgence ; elle est votée par 338 voix contre 130.

Le ministre de la guerre dépose un projet de loi tendant à la formation de bataillons spéciaux pour la défense des Alpes. Ce projet, sauf quelques détails, est approuvé par le conseil supérieur de la guerre.

27 octobre, la Commission du budget se prononce contre le maintien d'une ambassade française auprès du pape.

M. Rouvier dépose un projet tendant à la conversion des rentes 4 1/2 (ancien) et 4 0/0 en 3 0/0 ; il demande 4 millions pour les frais de l'opération.

30 octobre, la presse considère encore, généralement, comme tout à fait improbable que la présidence de la République devienne vacante par suite des affaires Wilson.

A la suite d'une longue discussion au sujet des fournitures militaires adjugées, par masses énormes, à une compagnie dont les capitaux paraissent étrangers et qui se fournit presque exclusivement à l'étranger, M. René Brice propose l'ordre du jour suivant :

« La Chambre invite le ministre de la guerre à revenir au régime de la gestion directe (par les corps de troupes), et à fractionner les adjudications de fourrages par garnisons, par nature de fourrages et par mois. »

Cette motion a pour but de permettre aux syndicats agricoles et aux cultivateurs agissant isolément dans chaque région, de prendre part aux adjudications pour fournitures militaires.

L'ordre du jour René Brice est adopté par 308 voix contre 165.

La Chambre, par 378 contre 87, vote l'urgence sur le projet de loi relatif au traitement des instituteurs.

Le projet de loi sur la liberté des funérailles, revenu du Sénat avec quelques modifications, est définitivement adopté par 367 voix contre 145.

3 novembre, la conversion est votée; mais, au lieu de 4 millions demandés d'abord pour les frais de l'opération, on réduit ces frais, d'accord avec le ministre, à 1 million 500,000 francs. D'ailleurs, la Chambre décide que la note détaillée de ces frais sera communiquée à la Commission du budget.

5 novembre, la proposition de nommer une commission d'enquête de 22 membres est combattue par le Gouvernement; elle est votée par 436 voix contre 84.

Au tribunal correctionnel, dans le cours du procès contre les intrigantes mêlées à l'affaire Caffarel, on constate que deux lettres de M. Wilson, saisies d'abord par la police, ont été changées pendant l'instruction. On accuse le préfet de police de s'être prêté à cette soustraction.

Et comme il en peut résulter des déplacements de responsabilité que le tribunal n'a plus le moyen d'apprécier avec certitude, sursis est prononcé à l'égard des prévenus Caffarel et autres. Le lendemain, ils sont mis en liberté provisoire.

11 novembre, par 372 voix contre 136, la Chambre vote le projet relatif aux dépenses de l'instruction primaire publique et aux traitements du personnel de ce service.

Beaucoup de journaux protestent contre le maintien de M. Grévy à la présidence.

On annonce que le Ministre de la Justice a donné sa démission.

Adoption d'un projet de loi tendant à régler les rapports des communes et de l'État, relativement à l'administration des forêts communales.

Adoption d'un projet de loi voté au Sénat, instituant un prix au profit de la personne qui découvrira un moyen de déterminer, dans les boissons alcooliques, la présence des substances autres que l'alcool pur.

17 novembre, la Chambre, par 511 voix contre 1, vote l'autorisation de poursuites contre M. Wilson.

Le préfet de police refuse de donner sa démission, il est remplacé.

19 novembre, M. Clémenceau demande à interpeller le gouvernement sur la situation politique, et il demande la discussion immédiate.

M. Rouvier dit qu'à cause de la conversion qui est en cours d'exécution, il ne saurait accepter la discussion immédiate, car ce débat pourrait avoir une influence fâcheuse sur la Bourse. L'opération devant finir le 23, il demande le renvoi de la discussion au 24, et il ajoute :

« Si la retraite du cabinet est dans les vœux de la Chambre, il n'est pas nécessaire de longs débats. La majorité peut affirmer ses sentiments par le vote même de la date : le gouvernement ne peut accepter aucun jour avant le 24 de ce mois. »

M. Clémenceau, avec une grande vigueur, montre le danger qui résulte de circonstances trop connues. Il n'y a pas de gouvernement, dit-il, parce que le pouvoir exécutif est atteint dans son autorité. Le ministère est hors d'état de diriger actuellement la politique de la majorité républicaine, et hors d'état de conseiller le Président de la République.

Le parlement est exposé à se laisser conduire par la droite.

Tous les jours on abreuve la République des pires outrages, nous ne pouvons supporter un tel état de choses.

Vous voulez gagner du temps, c'est le temps qui nous gagne. Rappelez-vous cette parole du grand orateur de la Révolution : « Gardez-vous de demander du temps ; le malheur n'en accorde pas. »

La gauche radicale avait, le matin même, décidé qu'elle voterait l'ajournement au 24, si le ministère le demandait simplement dans l'intérêt financier. M. Rouvier connaissait bien cette résolution, et c'est pourquoi, sans doute, il venait très habilement, tout à coup, envelopper une approbation implicite du cabinet dans l'ajournement au 24.

Mais les cent voix de la gauche radicale ne pouvant accepter que l'on changeât les conditions de leur approbation sur l'ajournement se retournèrent aussitôt, et votèrent pour la discussion immédiate qui fut décidée par 317 voix contre 228.

A la suite de ce vote, le Ministère est démissionnaire, la demande d'interpellation est retirée.

M. Grévy appelle près de lui les hommes politiques les plus autorisés, M. de Freycinet, M. Floquet, M. Goblet et enfin M. Clémenceau.

Tous refusent le pouvoir. M. Clémenceau déclare au Président que la crise n'est pas seulement ministérielle et qu'il n'y voit pas d'autre issue que sa retraite.

M. Grévy assure qu'il est disposé à se retirer pourvu qu'on lui indique un moyen de le faire honorablement.

Il consulte encore M. Floquet, M. Le Royer ; puis MM. Brisson, J. Ferry et Raynal, Henri Maret, Waldeck-Rousseau, Ribot.

La population de Paris est absolument calme, et les journaux étrangers font voir combien ils comprennent peu notre pays en déclarant qu'ils frémissent de la crise effroyable où, disent-ils, se débat la malheureuse France.

Une note de l'Agence-Havas annonce que le message de démission du Président sera lu aux Chambres dans les premiers jours de la semaine prochaine.

Un député fait circuler une pétition adressée au Président afin qu'il reste en fonctions ; il recueille bien peu de signatures.

Des journaux qui avaient attaqué longtemps et violemment M. Grévy entreprennent maintenant de le soutenir; un célèbre écrivain dit, à peu près : « Nous avons démoli son autorité, nous pouvons la rétablir. »

Grave erreur ; ce n'était pas plus possible à la presse, qu'il ne serait possible à la dynamite de reconstruire une maison démolie par elle.

Les groupes républicains, à la Chambre constatent la nécessité d'une réunion plénière en cas de démission du Président.

On discute les candidatures Ferry, Floquet, Freycinet, Brisson, Sadi Carnot, général Saussier ; ce dernier sera, dit-on, porté par la droite ; il s'en défend.

Des réunions publiques se prononcent contre les candidatures de Ferry et de Saussier, elles font appel aux forces populaires et invitent les citoyens à se grouper par quartiers.

Le samedi, 29 novembre, on annonce que le message sera lu lundi, mardi ou mercredi.

Ces lenteurs commençaient à impatienter les Chambres ; cependant le public reste calme, pas la moindre agitation sur le boulevard ni ailleurs, la Bourse avait monté de 1 franc.

Les groupes républicains de la Chambre décident qu'aucune candidature à la Présidence ne sera discutée dans la réunion plénière, il y aura seulement un ou plusieurs scrutins secrets pour la désignation du candidat.

Le Président du Conseil fait savoir officiellement à MM. Floquet et Le Royer que le message de démisssion sera lu jeudi aux chambres.

La Chambre s'ajourne donc au jeudi, 1er décembre.

Les républicains du Sénat, partisans de M. J. Ferry, veulent une réunion plénière à Versailles, dans la matinée, avant la séance du Congrès ; ils pensent assurer ainsi le succès de sa candidature.

Quelques députés de l'extrême gauche, inquiétés par la candidature Ferry, cherchent bien vainement à rétablir l'autorité de M. J. Grévy, ils songent même à le faire réélire au Congrès.

M. Clémenceau, accompagné d'un certain nombre de ses

amis, visite M. Floquet et lui annonce qu'ils poseront sa candidature à la Présidence de la République.

M. Floquet déclare qu'il leur laisse toute liberté de faire ce qu'ils jugeront utile à la République.

Le jeudi, 1er décembre, dès midi, une grande foule se presse devant la Chambre et aux alentours, la garde républicaine et les brigades de police maintiennent la foule sur les trottoirs, les voitures peuvent circuler.

Les Ministres ont retiré leurs démissions, mais dans un Conseil qu'ils ont tenu à onze heures à l'Elysée pour entendre la lecture du Message, M. Grévy leur dit que la situation s'étant modifiée il croit nécessaire de rester encore à la Présidence.

Cette nouvelle cause une grande irritation à la Chambre et au Sénat.

M. Rouvier annonce que le Ministère a de nouveau remis sa démission au Président de la République, il est vigoureusement applaudi.

La Chambre s'ajourne à quatre heures et décide que le Président de la République en sera informé.

A quatre heures aucune nouvelle.

La résolution suivante est votée par 522 contre 3 :

« La Chambre, attendant la communication qui lui avait été « promise, s'ajourne à six heures du soir. »

Le Sénat encore plus irrité que la Chambre adopte la même résolution, qui lui est communiquée par téléphone. Il s'ajourne à huit heures du soir, afin d'agir en connaissance des résolutions que la Chambre pourra prendre après six heures.

Au Palais-Bourbon, M. Goblet a eu la pensée de proposer, si M. Grévy ne tenait pas sa promesse, la revision des articles de la Constitution concernant la Présidence. Cette proposition sera d'ailleurs faite par l'extrême gauche ; et à six heures un quart, si nous sommes sans nouvelles de l'Elysée, cette proposition sera certainement votée à la presque unanimité.

A cinq heures, un membre du Sénat, venu pour connaître les intentions de la Chambre, retourne au Luxembourg disant que, sans aucun doute, le Sénat prendra les mêmes résolutions que nous si M. Grévy continue à garder le silence.

Dans ce cas, le Congrès se réunirait le lendemain de plein droit à Versailles, et pourrait prendre toute mesure dictée par la situation.

Mais, à six heures, M. Rouvier annonçait que le Président de la République, n'ayant jamais eu la pensée d'entrer en lutte avec le Parlement, ferait connaître le lendemain son sentiment sur la situation qui lui était faite et sur la résolution qu'il avait prise. Le Ministère avait, encore une fois, retiré sa démission.

2 décembre. A l'ouverture de la séance, M. Floquet se lève et dit :

« M. le président du conseil m'a transmis une lettre contenant la démission de M. le président de la République. Je vais en donner lecture comme mon devoir m'y oblige.

« J'invite l'Assemblée à garder le plus profond silence, par respect pour elle-même et pour la nation qu'elle représente. »

Nous ne reproduirons pas le message. C'est à l'histoire qu'il appartiendra de juger ce document plein de reproches, et qui rejetait toutes les responsabilités sur le Parlement, alors qu'au contraire, la très grande majorité des deux Chambres avait déploré la situation que le Président s'était faite en ne se séparant pas de son gendre.

A diverses reprises, ses amis personnels l'avaient averti ; plusieurs ministres même l'avaient engagé à ne pas permettre indéfiniment cette installation de bureaux, cette agence organisée à l'Élysée et sur laquelle on répandait partout des bruits fâcheux.

Il avait dépendu de lui-même qu'il restât plus puissant, plus respecté que jamais à l'Élysée. Et l'on s'étonnait que la tendresse paternelle lui eût fait méconnaître l'intérêt évident de la République.

Personnage consulaire, on le trouvait trop oublieux des grandeurs romaines : Junius Brutus et tant d'autres ; exemple éternel pour les simples citoyens parvenus au rang suprême.

La Chambre, souvent tumultueuse pour peu de chose, se

montra dans cette circonstance solennelle, immobile et grave. Elle entendit la lecture du message sans laisser échapper un cri, sans un mot, sans un murmure.

Elle fut prévenue ensuite, par son président, que l'Assemblée nationale se réunirait le lendemain à Versailles pour procéder à l'élection du nouveau Président de la République.

A trois heures et demie, dans le salon des Fêtes au Palais-Bourbon, les députés radicaux et les indépendants tenaient une réunion plénière à laquelle s'étaient joints environ soixante sénateurs; les députés de l'union des gauches en étaient absents.

Depuis huit jours, il était convenu que le nom qui sortirait avec le plus grand nombre de voix au premier tour devait réunir toutes les voix républicaines au second tour.

Premier tour : 349 votants. Floquet, 101; Freycinet, 94; Brisson, 66; Sadi Carnot, 49; Ferry, 19; etc.

Au grand étonnement de la plupart d'entre nous, lorsqu'on préparait le second tour, on apprit que les députés qui avaient pris l'initiative de la candidature de M. Floquet, venaient de l'avertir qu'ils retiraient sa candidature.

M. Floquet n'ayant pas plus à retirer sa candidature qu'à la poser, disait-il, avait laissé ses amis libres d'agir pour le mieux, selon ce qui leur paraîtrait être l'intérêt de la République.

On ne comprenait pas facilement pourquoi et dans quel intérêt on avait fait sortir le Président de la Chambre d'une situation exceptionnelle, intacte et respectée, pour livrer son nom aux chances d'un scrutin apparemment douteux; et l'on comprenait encore moins pourquoi, son nom étant sorti le premier de l'urne, on n'obéissait pas au mot d'ordre convenu; c'était une première atteinte grave au principe de la discipline républicaine,

Mais, puisque l'accord se faisait sur le nom de M. de Freycinet, on retourna au scrutin.

Deuxième tour : 342 votants ; Freycinet 190 voix, Brisson 83, Sadi Carnot 27, etc.

A ce moment, les députés et les sénateurs qui ont pris part au vote, considèrent la candidature de M. de Freycinet comme acceptée désormais et comme la plus capable d'être opposée à celle de M. Ferry.

Pendant cette journée, il y avait eu quelques troubles, une grande foule stationna sur la place de la Concorde, des pierres furent jetées aux soldats de la garde républicaine; on criait : A bas Ferry !... Un coup de revolver fut tiré sans atteindre personne, la garde républicaine chargea la foule.

Depuis quelques jours on disait hautement, à Paris, qu'une guerre civile éclaterait si M. Jules Ferry était élu.

Phénomène inverse des popularités excessives et subites, l'excessive impopularité de cet homme d'État s'explique par le concours prolongé de plusieurs causes.

Les expulsions des congrégations religieuses avaient ameuté contre lui toute la clientèle cléricale, et le peu d'effet de ces mesures lui était, ailleurs, imputé comme un reproche.

Le Tonkin lui avait valu les malédictions de ceux que cette entreprise mettait en deuil.

L'avenir fera connaître si l'occupation du Tonkin nous a coûté tant de sang et d'or en pure perte; mais il n'est pas besoin d'attendre l'avenir pour juger que cette expédition a été bien mal conduite, et c'est violenter l'opinion que de prétendre s'en faire gloire.

La persistance de M. Ferry à dire et redire que le péril est à gauche, le constituait adversaire de la moitié la plus agissante du parti républicain ; celle qui n'est pas compromise, puisqu'elle n'a jamais eu le pouvoir, celle qui est le mieux armée pour la lutte publique à tous égards.

Cette inconcevable erreur le vouait à chercher tôt ou tard un appui chez les ennemis de la République. C'était visible pour tout le monde.

Enfin, on l'accusait d'être disposé à une alliance avec l'Allemagne, ou du moins à une résignation indéfinie quant aux conséquences de notre défaite; par là, il méconnaissait et blessait le sentiment le plus fier, le plus profond de ce pays, et lorsque, pour compléter le tout, les journaux allemands vantaient M. Ferry, seul homme d'État, disaient-ils, qui pût être agréable à Berlin, l'impopularité montait autour de lui comme une marée.

Sans doute, depuis deux ans, il eût pu modifier cette situation, mais, le 3 décembre 1887, elle était telle que nous venons de l'expliquer.

À dix heures du matin, dans la réunion plénière de Versailles, premier tour de scrutin : 552 votants, Ferry 200 voix, Freycinet 192, Brisson 81, Sadi Carnot, 69.

Deuxième tour : 553 votants, Ferry 216, Freycinet 196, Brisson 79, Sadi Carnot 61.

Effrayés par la candidature Ferry qui grandit plus rapidement que celle de Freycinet, quelques députés demandent à M. Brisson de se désister ; il refuse, étonné sans doute de se voir imposer un sacrifice qu'on n'exige pas de M. Carnot et qui, d'ailleurs, ne sera nécessaire qu'après le premier tour de scrutin au Congrès.

Aussitôt, après une courte délibération, les mêmes députés assurent qu'il faut abandonner la candidature Freycinet et se porter tous sur M. Carnot.

En apprenant cette intention, plusieurs députés protestent avec énergie, non par hostilité à l'égard de M. Carnot, mais parce qu'on abandonnait ainsi, sans nécessité bien prouvée, et dans une occasion éclatante, le principe qui a fait jusqu'ici la force du parti républicain, l'arme qui nous a si souvent donné la victoire et qui nous est plus que jamais nécessaire.

La totalité des voix favorables à M. Jules Ferry étant très inférieure à celle des voix contraires, on ne pouvait douter qu'au second tour, dans le Congrès, toutes les voix républicaines qui lui étaient contraires se porteraient sur M. de Freycinet.

Restait à savoir ce que feraient les droites ; mais si après un accord secret elles étaient résolues à voter pour M. Jules Ferry, il n'y avait aucune raison de croire qu'elles l'abandonneraient pour M. Carnot.

La candidature Carnot semblait donc apporter sûrement une dispersion des voix républicaines sans assurer le succès.

Au troisième tour de la réunion plénière, 505 votants. Jules Ferry, 179 ; Carnot, 162 ; Freycinet, 100 ; Brisson, 52.

Au quatrième tour, avec 253 votants : Carnot, 185 voix ; Ferry, 35 ; Freycinet, 23 ; Brisson, 10.

Au Congrès, premier tour, 852 votants.

Carnot, 303 voix ; Ferry, 212 ; général Saussier, 148 ; Freycinet, 76 ; général Appert, 72 ; Brisson, 26, etc.

On avait donc réussi à porter la majorité des voix sur M. Carnot.

M. Jules Ferry annonça son désistement ; MM. de Freycinet et Brisson firent de même.

On dit que les droites avaient engagé avec M. Ferry des négociations au sujet des conditions moyennant lesquelles leurs votes lui seraient acquis. M. Ferry n'accepta pas ces conditions ; il fit bien ; car s'il eût été élu par suite d'un tel accord, sa chute immédiate ou prochaine paraissait inévitable.

Les droites partagèrent leurs suffrages entre le général Saussier et le général Appert.

Au deuxième tour, 842 votants.

M. Carnot réunit 610 suffrages, c'est-à-dire tout le parti républicain.

Ingénieur distingué, ancien ministre, troisième représentant d'une famille illustrée par d'anciens services, son principal titre personnel était, sans aucun doute, la fermeté avec laquelle il venait de défendre récemment les deniers de l'État dont il avait la garde.

On vit donc cet homme modeste, jeune encore, venu le matin simple député, qui la veille était à peine candidat, quitter Versailles escorté d'un régiment de cuirassiers et entrer à l'Élysée dans tout l'appareil de la puissance publique.

L'ensemble des circonstances lui apportait une grande force et lui en assurait le libre exercice s'il avait la résolution de s'en servir.

La transmission du pouvoir présidentiel s'était faite encore une fois avec une extrême célérité, sans trouble, en terminant une crise qui avait paru redoutable.

Dans la soirée, Paris était tout à la joie, car on avait parlé de guerre civile, et cette sombre menace était écartée.

7 décembre. M. Fallières, appelé par M. Carnot à former un cabinet, refuse cette situation qu'il considère comme au-dessus de ses forces.

M. Goblet est appelé, il essaye une concentration républicaine allant de M. Sigismond Lacroix (extrême gauche) à M. Ribot (ancien centre gauche) ; M. Ribot refuse.

M. Goblet fait connaître l'échec de cette combinaison au Président de la République ; il n'est pas invité à en tenter une autre et il se retire.

Le Président appelle de nouveau M. Fallières ; des portefeuilles sont offerts à plusieurs radicaux qui les refusent.

13 décembre. Le cabinet est formé.

MM. Tirard, ministre des finances, président du conseil ; Fallières, justice ; Flourens, affaires étrangères ; Sarrien, intérieur ; général Logerot, guerre ; de Mahy, marine et colonies ; Faye, instruction publique ; Loubet, travaux publics ; Dautresme, commerce ; Viette, agriculture.

Au sujet de la substitution des lettres de M. Wilson, la chambre des mises en accusation, réprouvant hautement de semblables pratiques, mais jugeant qu'elles ne tombent pas sous l'application de la loi, déclare qu'il n'y a pas lieu à suivre.

Message du président de la République aux Chambres :

« Le souci des intérêts vitaux de la patrie, de son renom aux yeux de l'Europe, de sa légitime influence au dehors commandait l'union à tous les représentants dévoués aux institutions du pays, et une même pensée de patriotisme a concentré sur un seul nom tous leurs suffrages.

« Pour celui des Français à qui est échu le grand honneur de recueillir ces suffrages, le premier devoir est de s'inspirer d'un si évident esprit de concorde et d'union.

« L'imposante manifestation du 3 décembre m'autorise, messieurs les Sénateurs, messieurs les Députés, à faire hautement appel à votre patriotisme pour une politique de progrès, d'apaisement et de concorde... »

15 décembre. Le cabinet déclare qu'il n'a d'autre intention que de continuer l'œuvre de concorde et d'entente républicaine commencée le 3 décembre; il recherchera l'équilibre financier, les économies; il étudiera les réformes financières proposées, et procédera à la prompte discussion des lois intéressant le travail national, etc.

La Chambre adopte un projet de loi autorisant le Gouvernement à proroger, pour une durée maximum de six mois, le traité de commerce conclu, le 3 novembre 1881, avec l'Italie.

Pour le cas où cette prorogation n'aurait pas lieu, le Gouvernement est autorisé, à partir du 1er janvier 1888, à appliquer aux produits italiens à leur entrée en France le tarif général actuel, avec une majoration pouvant s'élever jusqu'à 100 pour 100.

Le Gouvernement demande trois douzièmes provisoires pour 1888, parce que la discussion du budget ne saurait être terminée avant le 1er janvier ni même commencée à ce moment; il déclare qu'il ne prétend pas qu'un vote à cet égard puisse être considéré comme une déclaration de confiance pour le ministère; ce n'est qu'une mesure obligatoire pour le fonctionnement des services publics pendant les trois premiers mois de l'année qui va s'ouvrir.

Les crédits sont votés, et, le 17 décembre, la session extraordinaire est close.

VI

Fidèles à l'habitude française qui nous porte si joyeusement à nous dénigrer nous-mêmes, chacun dit que la Chambre est incapable, impuissante; qu'elle n'a rien fait.

En 1885, les députés élus venaient de trois directions différentes.

Ceux de la droite s'étaient présentés comme conservateurs, défenseurs de la religion, etc.; pour la plupart, ils se gardaient bien de dire qu'ils voulaient renverser la République, mais ils promettaient de s'opposer à l'augmentation des dépenses et de travailler à équilibrer le budget.

Une moitié des républicains s'étaient présentés comme approbateurs plus ou moins résolus des entreprises coloniales et de la politique opportuniste pratiquée par l'ancienne majorité, mais ils affirmaient leur volonté d'empêcher l'accroissement des dépenses, et d'équilibrer le budget.

L'autre moitié des républicains désignés comme radicaux avaient soutenu, devant les électeurs, des doctrines réformatrices précises : condamnation de la politique d'aventures et de conquête, dénonciation du concordat, séparation des Églises et de l'État, service militaire de trois ans obligatoire pour tous, impôt progressif, réforme de l'organisation judiciaire, etc., et enfin réduction des dépenses, équilibre du budget.

Les tendances politiques de ces trois parties de la Chambre étaient donc bien différentes ; mais les élus de 1885 avaient tous également le devoir de faire des économies et d'équilibrer le budget.

Or, la Chambre n'a pas perdu de vue un seul instant sa mission. Elle a enrayé les imprudences coloniales, elle a recherché ardemment les économies, elle en a fait beaucoup ; enfin elle poursuit à travers de grandes difficultés ce but principal : l'équilibre du budget.

La quantité d'affaires importantes qu'elle a examinées et terminées est très grande.

Malheureusement, la méthode de travail parmi nous est mauvaise. La plupart des députés laborieux montrent surtout le désir d'attacher leur nom à des projets remarquables ; de sorte que les propositions se succèdent avec abondance.

Trop d'abondance, certainement.

C'est une erreur de croire à l'utilité de cet immense travail ; ne sait-on pas qu'au moment où une Chambre cesse d'exister, tous les projets émanant de l'initiative parlementaire deviennent caducs, et sont comme non avenus ?

Croire que le suffrage universel est bien reconnaissant pour un député lorsqu'il vient se glorifier de tels et tels projets qui n'ont pas été adoptés, c'est se tromper beaucoup. Le plus souvent les électeurs pensent : « C'est que ton projet n'était « pas bon ou que tu l'as mal soutenu. »

Toutes ces propositions faites isolément, et qui ne sont guère défendues que par leur auteur principal, représentent une action personnelle. Or, ce que le pays désire chez le parti républicain, c'est une action commune, dénotant un esprit gouvernemental.

Si la moitié du travail et du talent dépensés ainsi en pure perte étaient employés à pousser avec ensemble quelque mesure sagement choisie, à la faire mûrir, à la faire adopter, le suffrage universel serait bien autrement satisfait lorsqu'on viendrait lui dire, *l'Officiel* en main : J'ai contribué à faire adopter cette mesure.

On blâme quelquefois la formation des groupes ; cependant, c'est par les groupes que l'on obtient quelque communauté d'action, c'est par eux que l'on connaît la force des partis.

La droite, avec plus de cent soixante-dix membres, est divisée en trois groupes : les monarchistes, les bonapartistes et l'union des droites. Leur rôle est facile ; nous n'en dirons rien ici ; le pays jugera si leur besogne est profitable.

La gauche radicale compte environ cent membres, elle se réunit souvent et discute les questions avec beaucoup de constance, elle n'est pas favorable aux crises ministérielles ; sans jamais interrompre sa propagande dans le pays pour les réformes inscrites à son programme, sans perdre une occasion de voter pour les réformes, elle professe une politique de conciliation où elle est peu secondée par les autres groupes républicains. Elle a bien prouvé son abnégation en refusant maintes fois des portefeuilles, notamment après la chute du cabinet Goblet. Plusieurs de ses membres appartiennent en même temps à l'union des gauches, et d'autres appartiennent en même temps à l'extrême gauche.

L'extrême gauche compte plus de quatre-vingts membres, parmi lesquels se trouvent des journalistes et des orateurs de grand talent, mais ce groupe, dans ses votes, montre beaucoup moins d'union que la gauche radicale; d'ailleurs quinze ou vingt membres de l'extrême gauche se sont constitués récemment en groupe socialiste distinct.

Les indépendants, c'est-à-dire ceux qui n'appartiennent à aucune réunion, sont au nombre de cent dix. La nécessité de se concerter est si grande qu'ils forment aujourd'hui le *groupe des indépendants*, avec un bureau comme les autres groupes; parmi eux se trouvent MM. Brisson, Goblet, Ribot, etc.

L'union des gauches, au nombre de cent quarante environ, se compose des membres restants de l'ancienne majorité et de ceux qui, parmi les nouveaux élus, se sont joints à eux.

M. J. Ferry est le personnage principal de ce groupe, mais il n'est suivi en toute circonstance que par une soixantaine de députés. Ce sont eux qui, avec cent soixante sénateurs, ont donné leurs voix à M. Ferry au Congrès. Ce sont eux qui, avec la droite et une minorité de l'extrême gauche, ont renversé le ministère Goblet.

Aujourd'hui ils cherchent avec M. J. Ferry à déterminer la dissolution de la Chambre. Ils ont pour but de reconstituer autour d'eux, pour leur politique, une majorité semblable à celle de la législature précédente. En cela, leur erreur paraît grande.

Aller aux élections, surtout par une dissolution prématurée qui est un acte presque révolutionnaire et qui, en conséquence, met debout toutes les énergies républicaines beaucoup plus encore qu'une élection générale ordinaire, aller aux élections par une déclaration de guerre à la moitié la plus avancée du parti républicain c'est, pour nos collègues de l'union des gauches, se mettre dans la nécessité de rechercher le concours de la droite, c'est renoncer à la discipline républicaine, c'est vouloir remonter le courant qui, dans les deux tiers de la France, entraîne visiblement les masses.

Croire qu'après qu'ils auraient favorisé, fortifié la droite dans la nouvelle Chambre, elle leur pardonnerait ainsi qu'à M. Ferry la campagne contre les congrégations, c'est du vertige.

Si les députés dont nous parlons ne reconnaissent pas assez promptement qu'ils font fausse route, ils s'exposent à ce que beaucoup d'entre eux disparaissent aux prochaines élections.

Sans aucun doute, il existe à la Chambre une majorité républicaine qui n'est guère inférieure à quatre cents voix ; mais il ne paraît y avoir de majorité pour aucun ministère pris exclusivement dans un seul groupe de la Chambre.

Obsédée par le spectre du déficit, interpellée par l'opinion publique, et voyant venir l'heure où il faudra reparaître devant les électeurs, cette majorité, née dans une dispute générale dont l'amertume n'a pu être oubliée encore, cette majorité ne s'aperçoit pas assez qu'une seule œuvre lui a été assignée comme assurément possible et, en conséquence, obligatoire ; c'est l'équilibre du budget.

Malheureusement, le pays s'en aperçoit encore moins, et l'on nous parle d'une dissolution insensée qui donnerait naissance à une Chambre tout aussi divisée, quoique différemment peut-être

En présence des questions financières et économiques, si difficiles, et jusqu'à ce que l'équilibre budgétaire soit réalisé, quelle folie de vouloir remplacer hâtivement par des nouveaux venus, sans expérience parlementaire, des députés qui, ayant accompli deux années d'études au moins, sont en mesure de travailler utilement !

Il faut nous résoudre tous à vivre ensemble jusqu'à la fin de cette législature, il nous faut poursuivre l'exposition de nos idées avec maturité, avec calme, afin qu'au jour des élections générales le pays puisse juger en connaissance de cause.

En outre de l'équilibre budgétaire, avec la loi militaire et la loi sur l'instruction criminelle, la Chambre devrait s'efforcer de revenir devant le pays avec une ou deux lois, au moins, sur quelques grands intérêts nationaux ; par exemple, le crédit agricole, ou les associations, ou l'organisation cantonale.

Sans doute, la chute des ministères a été l'œuvre capitale de la droite ; mais, tant que nous resterons servilement agenouillés devant le dogme de la responsabilité collective des cabinets, rien ne sera plus facile que de les culbuter.

En dehors des grandes questions politiques où la solidarité semble nécessaire, pourquoi ne pas admettre qu'un ministre isolément atteint par un blâme de la Chambre pourra se retirer sans entraîner la démission de ses collègues ?

Quant aux radicaux, on ne peut leur reprocher de n'avoir point réalisé des réformes pour lesquelles ils sont en minorité.

Mais cette Chambre, où se trouvent deux cents officiers des réserves, a-t-elle montré une vigilance assez active pour la défense nationale et notamment pour la défense des côtes ?

Si elle ne se hâte, les événements pourront lui imposer une terrible responsabilité.

Terminons néanmoins en constatant que le peuple français, pendant l'année 1887, a traversé des circonstances qui ont mis à l'épreuve sa propre fermeté, le zèle de son armée et la décision de son Parlement.

Entouré d'ennemis, sans aucun espoir certain de secours, ce peuple connaît ses périls ; il a perdu, dans l'Est, ses villes fortes et ses frontières, mais il lui reste son courage.

Et, en aucun temps jusqu'ici, on n'avait vu quinze cent mille Français exercés, encadrés, parfaitement armés, qui peuvent être levés en peu de semaines.

Paul de Jouvencel

Député de Seine-

Janvier 1888.

Paris. — Maison Quantin, 7, rue Saint-Benoît.